Introduction

Channel Hopping auf Deutsch is a new series for higher level KS4/ Standard grade and A level/Higher grade.

Through a variety of extracts from German television's most popular shows, students are offered an exciting and sometimes surprising insight into the culture of German-speaking countries. Further extracts were filmed in Germany and Austria especially for Channel Hopping.

The presenter, Patricia Pantel, is a popular youth radio presenter in Berlin. She takes a lighthearted look at some of the crazier elements of German life reflected in their television. She also presents more serious features on sport, music, the environment, former East Germany and Turkish immigrants. There is a weekly photo love story and each programme ends with a special word of the week followed by a recent hit from the pop world. The music selected throughout the series reflects the diversity in German, Swiss and Austrian pop music today.

The comedian, John Moloney presents a weekly slot entitled "Deutschland – seltsam aber wahr" in which he takes a whimsical look at the more bizarre elements of German culture such as the fascination with Baywatch or the obsession with joining clubs and organisations.

This photocopiable study guide offers students a range of listening, speaking and writing activities. These include a variety of comprehension and grammar exercises, note-taking and discussion activities. The guide has been designed so that students can work individually or in groups. Transcripts and answers are provided and these too can be photocopied for students working individually.

In most cases, one extract will generate many opportunities for language study. Key vocabulary is provided on screen before most of the extracts, but the teacher can decide how much more to provide. Many of the extracts complement examination themes and may be shown in order to throw new light on a particular area of study.

We hope you enjoy the series. If you have any comments or suggestions to make, please write to:

Mary Ellwood
Education Officer
Channel 4 Schools
PO Box 100
Warwick
CV34 6TZ

1

Programmübersicht

Programm 1	Programm 2	Programm 3	Programm 4	Programm 5
Einleitung	Einleitung	Einleitung	Einleitung	Einleitung
Patricia in Berlin	Wildschweine	Boxen	Moorleichen	Fußball
„Blind Date"	Flaschengeist	Strafe vermeiden	Verrückte Spiele	Pubertät
Aziza A.: Oriental Hip-Hop	Die Easty Girls: „Ostalgie"	Petra Perle: Schlagersängerin	Hardbradler: Neue Volksmusik	Echt: Popmusik
John Moloney: Vereine	John Moloney: Baywatch	John Moloney: Jodeln	John Moloney: Comics	John Moloney: Toiletten
Fotoliebesroman: Ich bin schwul	Fotoliebesroman: Jugendheim	Fotoliebesroman: Liebe im Internet	Fotoliebesroman: Der Brieffreund	Fotoliebesroman: Tina und Mark
Geheimtip: „Ich stehe auf dich"	Geheimtip: Dingsbums	Geheimtip: „Das ist mir Wurst"	Geheimtip: Kohle	Geheimtip: Geil
Tocotronic	Superkind	Gute Zeiten	Guildo Horn	Sabrina Setlur

Channel Hopping auf Deutsch

Programm 1

Patricia Pantel in Berlin.

1 Schreiben Sie etwas zu jedem der folgenden Themen.

Aussehen	Charakter	Geschmack	Beruf

2 Berlin ist eine atemberaubende Stadt. Aber was wissen Sie über Berlin?

_____

_____

_____

3 Als Patricia 16 Jahre alt war, hat sie den folgenden Brief an Stefan geschrieben. Was würden Sie an Patricia schreiben, wenn Sie diesen Brief erhalten hätten?

Lieber Stefan!

Ich habe dich heute im Käseladen „Alles Käse" gesehen. Ich finde dich umwerfend. Deine blonden Haare und deine hübschen Augen sind einfach unvergesslich. Alles roch so schön nach Käse. Vielleicht komme ich jetzt jede Woche vorbei. Aber bitte, bitte, bitte, können wir uns am Wochenende treffen? Ich möchte mich so gern an dich kuscheln.

Bitte schreibe mir doch zurück. Meine Adresse ist auf dem Briefumschlag. Oder ruf mich an: 336591.

Alles Liebe

Patricia

„Blind Date"

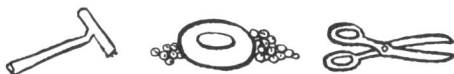

▶ Welche der folgenden Punkte gehören zusammen? Beispiel: A5

Was ist notwendig?

A   sich gründlich rasieren

B   eine erfrischende Dusche nehmen

C   aus der Nase wachsende Haare entfernen

D   gut riechen

E   sich die Haare waschen und fönen

F   viele Gemeinsamkeiten haben

Was kann passieren?

1   sich in die Nase schneiden

2   sich in die Augen sprühen

3   ein glückliches Paar werden

4   einen Stromschlag bekommen

5   sich in die Wange schneiden

6   auf der Seife ausrutschen

Gruppendiskussion

▶ Und Sie? Wie bereiten Sie sich zu Hause auf einen wichtigen Abend vor?

♫ Aziza A.

1 Was ist Oriental Hip-Hop?

_____

_____

2 Was erfahren Sie hier von Aziza über ihr Leben, über die Türkei und über Gastarbeiter in Deutschland?
Sehen Sie sich das Video mehrmals an und machen Sie Notizen.

Aziza und ihre Familie	Türkei	Gastarbeiter

3 Besprechen Sie Ihre Notizen und schreiben Sie dann Sätze.

_____

_____

_____

_____

_____

_____

_____

_____

4 Azizas Lieblingswort ist „SALLA". Was heißt „SALLA"?

_____

Finden Sie drei Situationen, in denen ein Ausländer „SALLA" sagen könnte.

_____

_____

_____

Besprechen Sie Ihre Vorschläge mit Ihren Kollegen.

Deutschland – seltsam, aber wahr!

John Moloney: Vereine

1 Hier sehen Sie manche der Vereine, die es in Deutschland gibt.

Schreiben Sie auf, was die wichtigsten Grundlagen dieser Vereine sind.

a   Verein zum Schutz des deutschen Gartenzwergs

b   Kölner Hunnenverein

c   Bart- und Schnorresverein

d   Nasenverein

2 Was ist John Moloneys Ratschlag?

3 Stellen Sie sich vor, dass Sie zu einem der folgenden Vereine gehören. Was sind die Richtlinien?

a   Pfannkuchenverein

b   Hosenträgerverein

c   Donaldisten

Fotoliebesroman: Ich bin schwul

Melanie und Sandy haben zwei nette Jungen kennen gelernt und Melanie findet Christian einfach umwerfend.

Gruppendiskussion:

1 Was sagt Christian nach einigen Tagen zu Melanie?

2 Ist das ein Problem? Warum? Warum nicht?

> Geheimtip:
> „Ich stehe auf dich"

Schreiben Sie die folgenden Sätze von der direkten Rede in die indirekte Rede um.

Beispiel: Kai sagt, dass er auf Patricia steht.

1 Kai sagt: „Patricia, ich stehe auf dich."

2 Patricia sagt: „Stefan, ich stehe auf dich."

3 Melanie sagt: „Christian, ich stehe auf dich."

Tocotronic

1 Was haben Sie hier über diese Band gelernt?

2 Diskutieren Sie, was Sie über diese Musik denken, und warum.

Channel Hopping auf Deutsch

Programm 2

Einleitung: Patricia Pantel beim Fernsehen

Welche Vor- und Nachteile gibt es, wenn man beim Fernsehen arbeitet?

Vorteile	Nachteile

Wildschweine

a Bilden Sie Paare, sodass Ausdrücke entstehen. Beispiel: 1. eine Spur hinterlassen

Nomen	Infinitiv
1. eine Spur	bringen
2. zur Welt	erobern
3. das Problem	hinterlassen
4. Manieren	leben
5. die Stadt	lösen
6. im Wald	haben

b Sehen Sie sich das Video mehrmals an. Setzen Sie die folgenden Adjektive dann in den richtigen Formen in die Sätze ein.

zerstört	intelligent	stark	angriffslustig	fett
schön	schweinisch	lecker	ungefährlich	ordentlich

1 Wer hat hier randaliert? Die Landschaft sieht völlig ————————————— aus.

2 Diese Wildschweine sind wirklich sehr ————————— und —————————.

3 Eine Bache bringt vier bis acht Frischlinge pro Wurf zur Welt und verteidigt die jungen Wildschweine ————————————— gegen jeden.

4 In der Dämmerung wandern die Wildschweine in unsere Städte und suchen gierig nach ————————— ————————— Leckerbissen.

5 ————————— Blumenbeete sind aus ————————— Sicht nur ————————— Salatplatten.

6 Diese Wildschweine sind nicht ————————— .

7 Manche Leute machen sich ein solches Wildschwein zum Hausfreund und bringen ihm ————————— ————————— Manieren bei.

Gruppendiskussion

1 Gibt es in Ihrem Land ein ähnliches Problem? Besprechen Sie, wie man dieses Problem lösen könnte.

2 Wilde Tiere sind keine Haustiere. Besprechen Sie diese Aussage und schreiben Sie dann in 100-150 Worten auf, was Sie darüber denken.

Channel Hopping auf Deutsch

Flaschengeist

a Lesen Sie die folgenden Ausdrücke und besprechen Sie, wer sie im Video verwendet.

1. Idiot	7. Menschen sind einfach zu blöd!
2. Wohl noch nie einen Flaschengeist gesehen?	8. Volltrottel
3. Ich halt's nicht aus!	9. Kapiert?
4. Mach schon!	10. Was soll das?
5. Drück' dich gefälligst klarer aus!	11. Das ist gemein!
6. Das hast du mit Absicht gemacht!	12. Kleiner

b Die folgenden Ausdrücke sollen Ihnen jetzt helfen, eine kurze Zusammenfassung der Geschichte zu schreiben.

in eine enge Flasche gesperrt – Akk. + befreit – drei Wünsche frei haben – „Ich will einfach nur weg." – wieder sichtbar werden – ein richtiger Traumurlaub – nicht schlafen – von niemandem gestört werden – seine Ruhe haben

Die Easty Girls: „Ostalgie"

Gruppenarbeit

a Bevor Sie das Video sehen:

Vor der Wiedervereinigung gab es viele Unterschiede zwischen Ost- und Westdeutschland. Besprechen Sie, wie viele dieser Unterschiede Sie kennen, und machen Sie eine Liste.

b Sehen Sie sich das Video mehrmals an und machen Sie Notizen. Beantworten Sie die folgenden Fragen. Besprechen Sie Ihre Antworten mit Ihren Kollegen.

1 Was erzählt Kathrin über das Leben in der ehemaligen DDR?

2 Wie sieht es heute aus?

3 Was denken viele Westdeutsche?

4 Warum gibt es das Wort „Ostalgie"?

c Lesen Sie die folgenden Verse aus Kathrins Lied. Was können Sie dazu sagen?

Die Fahne ist niemals gefallen,
sooft auch der Träger fiel,
sie weht heute über uns allen
und sieht schon der Sehnsucht Ziel.

Deutschland – seltsam, aber wahr!

John Moloney: Baywatch

1 In diesem Video sehen Sie, warum die Fernsehserie „Baywatch" in Deutschland so beliebt ist. Machen Sie Notizen über „Pamela Anderson" und David Hasselhoff.

„Pamela Anderson"	David Hasselhoff

2 Welchen Ratschlag gibt John Moloney seinen Zuschauern?

Fotoliebesroman: Jugendheim

a Ergänzen Sie die folgenden Sätze.

1 Mein Kumpel kennt sich _____ _____ aus.

2 Diesmal war es ein _____ _____ Wagen.

3 Ich musste in ein _____ .

4 Nach einem Jahr durfte ich endlich in den _____ nach _____ .

5 _____ _____ ist cool. Kann ich die mal haben?

6 Mit Doreen vergingen die _____ schnell.

b Einige Tage nach dem Abschied bekommt Doreen diesen Brief von Bastian. Wie reagiert sie darauf? Und was schreibt sie zurück?

Liebe Doreen!

Danke für diesen wunderschönen Sommer. Mit dir sind die Ferien zwar schnell vergangen, aber ich habe jeden Moment genossen. Ich bin richtig in dich verliebt. Bitte sei mir nicht böse, dass ich dir nicht früher vom Heim erzählt habe. Ich habe früher zwar eine Menge Mist gemacht, aber ich verspreche dir, das nie wieder zu machen.

Hoffentlich schreibst du mir bald. Wenn wir oft schreiben, vergeht die Zeit hier im Jugendheim auch schneller und wir können wieder miteinander spazieren gehen. Ich schicke dir viele Küsse.

Bis bald
dein Bastian

Programm 3

Einleitung

Besprechen Sie den doppelten Sinn der folgenden Ausdrücke. Verwenden Sie dann jedes Wort in zwei Sätzen. Aber Achtung! Der Sinn muss klar sein.

Beispiel: Berliner

Ich bin ein Berliner. ➜ Ich komme aus Berlin *oder* Ich bin ein Stück Kuchen.

Wiener	Hamburger	Russe	Schotte

Boxen

a Wählen Sie die richtigen Ausdrücke von der folgenden Liste und ergänzen Sie die Sätze.

seit zwei Jahren	zweimal am Tag	morgens	jeden Tag	6 Stunden täglich
heutzutage	schon immer	3 Minuten Länge	ein paar Sekunden	mittlerweile

(1) _____ gibt es in diesem Verein ein Mädchen. Sie trainiert genau so hart wie die

männlichen Vereinsmitglieder. (2) _____ machen sie immer Konditionstraining und

(3) _____ laufen sie sehr viel. Frauen sind (4) _____ emanzipiert und

wollen alles machen, was die Männer machen. Aber Regina sagt, dass sie (5) _____ eine

Kämpfernatur hatte und dass sie deshalb erfolgreich ist. Regina ist in ihrem Lieblingssport so gut, dass es

(6) _____ in Deutschland keineTrainingspartnerin mehr für sie gibt.

b Besprechen Sie, welche Adjektive Regina am besten beschreiben. Können Sie drei weitere Adjektive finden?

fit und sportlich	schlecht gelaunt	kampfbereit	aggressiv	langsam
verletzt	gutaussehend	fleißig	arrogant	entschlossen

1.	2.	3.

c Stellen Sie sich vor, dass Sie gerade eine Woche in einem Trainingslager für junge Boxer verbracht haben. Beschreiben Sie einen typischen Tag in dieser Woche.

Gruppendiskussion:

Besprechen Sie Ihre Meinung mit Ihren Kollegen und schreiben Sie dann ein paar Sätze.
Denken Sie, dass Boxen ein gefährlicher Sport ist? Warum (nicht)? Finden Sie es gut, dass Frauen boxen lernen?

Strafe vermeiden

a Beantworten Sie die folgenden Fragen in ganzen Sätzen.

1 Was soll man im Wohnzimmer nicht machen?

2 Wie kann man den Schaden begrenzen?

3 Welche Ausrede könnte man erfinden?

4 Woran merkt man, dass der Vater böse ist?

5 Welche Taktik ist nicht zu empfehlen?

6 Wie kann man sich viel Ärger ersparen?

b Finden Sie die passenden Infinitive für die folgenden Nomen.

1 einen kühlen Kopf _____

2 eine Menge Ärger _____

3 einen Sündenbock _____

4 Hausarrest _____

5 den Schaden _____

6 Ausreden _____

7 die Augen _____

8 vom Taschengeld _____

♫ Petra Perle: Schlagersängerin

a Hören Sie Petra zu und setzen Sie die fehlenden Wörter in den Text ein.

Ich _____ Petra Perle, man kennt mich _____ .

Im _____ bin ich super, ich löse _____ Fall.

Ob putzen, spülen, _____, ganz _____ mach ich das!

Bei all den _____, da gebe ich richtig Gas!

b Besprechen Sie jetzt den Inhalt dieses Liedes mit Ihren Kollegen. Was können Sie über Petra Perle sagen?

c Petra Perle spricht über deutsche Popmusik. Schreiben Sie eine kurze Zusammenfassung über Musik, wie sie früher in Deutschland war, und darüber, was Petra gemacht hat. Die folgenden Ausdrücke sollen Ihnen dabei helfen.

Schlager – in deutscher Sprache	verpönt	Englisch	… waren alt und langweilig
deutsche Schlagermusik fördern	der alternative Eurovisions-Song-Contest	deutschsprachig	der Wahre Grand Prix

d Beantworten Sie die folgenden Fragen.

1 Welche zwei Dinge braucht man, um beim Wahren Grand Prix Erfolg zu haben?

2 Was hält Petra von Rex?

© 1998 Channel Four Learning Limited

Channel Hopping auf Deutsch

Deutschland – seltsam, aber wahr!

John Moloney: Jodeln

a Sehen Sie sich den Bericht über das traditionelle und moderne Jodeln mehrmals an. Schreiben Sie dann die folgenden Sätze zu Ende.

1 Seit langem _____ .

2 Ein Japaner namens _____ .

3 Das Hühnerlied _____ .

4 Eine Gruppe aus _____ .

5 Sie haben mehr als _____ .

b Machen Sie Notizen zum Bericht über Josef Kirschbaumer.

Familie	Arbeit	Musik

Fotoliebesroman: Liebe im Internet

Schreiben Sie Sätze, die einen Nebensatz mit „dass" beinhalten.

Beispiel: Ulli sagt, <u>dass</u> Andis Exfreund auch auf der Party ist.

1 Andi findet, <u>dass</u> kein Junge _____ .

2 Andi freut sich, dass _____ .

3 Andis Schwester schlägt vor, dass _____ .

4 _____ .

5 _____ .

Geheimtip:
„Das ist mir Wurst"

a Besprechen Sie den heutigen Geheimtip mit Ihren Kollegen. Kennen Sie ähnliche Ausdrücke in der englischen Sprache?

b Diskutieren Sie dann, was die folgenden Ausdrücke bedeuten könnten.

1 Ich verstehe nur Bahnhof.

2 Ich habe Schmetterlinge im Bauch.

3 Ich spucke darauf.

4 Diese Rechnung ist aber gepfeffert!

♫ Boyband „Gute Zeiten"

a Liederdomino

Haben Sie schon einmal Domino mit einem Lied gespielt? Verdecken Sie die Untertitel auf dem Bildschirm.

● Fotokopieren und vergrößern Sie die folgende Tabelle.

● Schneiden Sie die Karten aus und verteilen Sie diese in Ihrer Gruppe.

● Legen Sie Ihre Karten in die Mitte des Tisches, sobald Sie den richtigen Text hören.

● Sehen Sie sich das Video mehrmals an und hören Sie gut zu, bis Sie den Text in die richtige Reihenfolge gebracht haben.

bloßgestellt, verraten, missbraucht.	Ich bin doch nicht blöd,	Ich kann's nicht fassen – ein mieser Traum.	ein anderer ist.
Dass ich der einzige bin, hat sie immer gesagt,	Gedanken wirbeln durch den Raum.	will wissen, was geht,	Ausgespielt und ausverkauft,
ich bin doch nicht blöd.	Dein Lächeln kann nicht verbergen, dass wen du vermisst,	doch langsam habe ich nachgehakt.	will wissen, was geht,
ich bin doch nicht blöd.	Wenn Gefühl schwerer als Worte wiegt,	Ich bin doch nicht blöd,	faden Beigeschmack kriegt.

b Worum geht es in diesem Lied und welchen Eindruck macht der Sänger auf Sie? Denken Sie, dass er über eine persönliche Erfahrung singt?

c Lesen Sie den Text und finden Sie Synonyme für die folgenden Ausdrücke.

Beispiel:

Was passiert?   Was geht? _____

1 bekommen _____

2 verstecken _____

3 Ideen _____

4 das Zimmer _____

5 Ich verstehe nicht _____

Channel Hopping auf Deutsch

Programm 4

Moorleichen

a Setzen Sie diese Sätze ins Imperfekt.

Beispiel:

Ein Mensch verirrt sich und versinkt im Moor. ➜ Ein Mensch verirrte sich und versank im Moor.

1 Der Körper geht unter und wird zur Mumie.

2 Die Moorleichen stecken tief im Torf.

3 Die Germanen werfen Verbrecher ins Moor.

4 An heiligen Orten versenken die Germanen Geschenke an ihre Götter.

5 Manchmal wird den Göttern auch ein Mensch geschenkt.

b Verbinden Sie die folgenden Satzpaare mit „weil".

1 Körper können im Moor nicht verwesen. Das Moorwasser ist extrem sauerstoffarm.

2 Man kann Torfmoos wie einen Schwamm auspressen. Es hat große Wasserspeicherzellen.

3 Die toten Pflanzen bleiben erhalten. Im Moor verfault nichts.

c Erklären Sie in ganzen Sätzen, wie es dazu kommt, dass wir heutzutage viel von Moorleichen lernen können.

Verrückte Spiele

a Beantworten Sie die folgenden Fragen.

1 Was ist ein Kooperationsspiel?

2 Was darf man in „Schneid ab!" machen?

3 Was muss man in „Lieg' wach!" machen?

4 Ist „Geh' aufs Klo" ein lustiges Spiel? Warum (nicht)?

5 Welches dieser Spiele finden Sie am besten und warum?

b Die Deutschen lieben Spiele. Sehen Sie sich das Video nochmals an und besprechen Sie, was Sie über diese Familie denken. Diskutieren Sie die Vor- und Nachteile von Spielen. Machen Sie dann Notizen zu den folgenden Themen:

Wie viele Mitspieler sollen mitmachen?	
Soll man gewinnen/verlieren können?	
Sind Spiele gut für das Familienleben?	

♫ Hardbradler: Neue Volksmusik

a Beschreiben Sie die folgenden Dinge in Stichworten.

1. Lederhose	
2. Steirische Harmonika	

b Florian verwendet einige Wörter in seinem Dialekt. Haben Sie alle verstanden? Ergänzen Sie die Tabelle.

Dialekt	Deutsch
„Söcke"	
„Dirndl"	
„Gilet"	
„Huat"	
„a wengerl"	

c Jetzt haben Sie von deutschen Schlagern und von moderner Alpenmusik gehört. Was halten Sie von dieser Musik? Welche finden Sie besser und warum? Gibt es im Englischen einen ähnlichen Stil?

Deutschland – seltsam, aber wahr!

John Moloney: Comics

a Bevor Sie das Video sehen:

John Moloney möchte Ihnen Unterschiede zwischen der englischen und der deutschen Kultur erklären. Welche Unterschiede kennen Sie? Diskutieren Sie diese Frage mit Ihren Kollegen und machen Sie eine Liste.

b Comics sind in England weniger beliebt als in Deutschland. Ergänzen Sie den folgenden Text mit Ausdrücken aus dem Video.

Während Comics in England als (1) _____ _____ angesehen werden, kann

man in (2) _____ Comics lesen, so oft man will. Denn die Deutschen haben

(3) _____ _____ für humorlos gehalten zu werden. Comics sind gut, um die

deutsche Sprache zu lernen und man kann auch viel über den (4) _____ _____

erfahren. Dazu gehören (5) _____ , die Angst vor der (6) _____ und auch

ihre Vorliebe für die (7) _____ .

c Wer sind die Donaldisten? Machen Sie Notizen zu den folgenden Stichworten.

Sinn des Vereins	Erfindungen / Experimente	Treffen

d Lesen Sie gern Comics? Schreiben Sie Ihre Meinung in ein paar Sätzen auf.

♡ Fotoliebesroman: Der Brieffreund

a Was hat Sabine wohl noch in diesem ersten Brief geschrieben? Hat sie über ihr Aussehen, ihren Charakter, ihre Hobbys geschrieben? Schreiben Sie den Brief an Florian fertig.

Hallöchen Florian!

Ich würde gerne deine Brieffreundin werden. ...

b Gruppenarbeit: Nach einiger Zeit möchte Sabine sich mit Florian treffen. Als sie ihn endlich sieht, ist sie sehr überrascht. Warum? Diskutieren Sie, wie diese Geschichte weitergeht. Machen Sie erst Notizen und schreiben Sie dann ganze Sätze.

positiv	negativ

Geheimtip:
Kohle

Das Wort „Kohle" ist ein sehr nützliches Wort, das Sie in vielen zusammengesetzten Wörtern antreffen werden.

a Besprechen Sie, was die folgenden Wörter bedeuten. Vielleicht müssen Sie einige in einem Wörterbuch nachschlagen.

1 Kohlendioxid _____   **2** Kohlenmonoxid _____

3 Kohlehydrat _____   **4** Kohlensäure _____

5 Kohlenkeller _____   **6** Kohlepapier _____

b Schreiben Sie dann je einen deutschen Satz mit diesen Wörtern.

♫ Guildo Horn

a Liederdomino

Hat Ihnen das Kartenspiel zum Lied im letzten Programm gefallen? Dann spielen Sie es doch auch mit diesem Lied. Verdecken Sie die Untertitel und versuchen sie, Guildo Horn zu verstehen.

- Fotokopieren und vergrößern Sie die folgende Tabelle.

- Schneiden Sie die Karten aus und verteilen Sie diese in Ihrer Gruppe.

- Legen Sie Ihre Karten in die Mitte des Tisches, sobald Sie den richtigen Text hören.

- Sehen Sie sich das Video mehrmals an und hören Sie gut zu, bis sie den Text in die richtige Reihenfolge gebracht haben.

Das Beste am ganzen Tag,	das sind die Pausen.	Das ist doch immer in der Schule so.
Das Schönste im ganzen Jahr,	das sind die Ferien.	dann ist sogar unser Lehrer froh.
Dann kann man endlich tun und lassen, was man will.	Dann sind wir endlich frei und keiner sagt mir: „Du sei still!"	Das Schönste im Leben ist die Freiheit,
denn dann sagen wir: „Hurra!"	Schön ist es auf der Welt zu sein,	wenn die Sonne scheint für Groß und Klein.
Du kannst atmen, du kannst gehen,	ich hab' alle Freude, und alle sehen.	„Schön, ist es auf der Welt zu sein",
sagt die Biene zu dem Stachelschwein.	Du und ich, wir stimmen ein:	„Schön ist es auf der Welt zu sein."

b Gruppenarbeit: Besprechen Sie, warum es so schön ist, auf der Welt zu sein. Schreiben Sie eine Liste mit mehreren Gründen und geben Sie Ihre Meinung dazu wieder.

© 1998 Channel Four Learning Limited

Channel Hopping auf Deutsch

Programm 5

Fußball

a) Modalverben

Verwenden Sie jedes Verb nur einmal. Aber ACHTUNG! Vergessen Sie die richtige Endung nicht!

1 Der FC Bayern _____ jungen Fußballtalenten aus ganz Deutschland und auch aus dem Ausland eine tolle Chance geben.

2 Die ausgewählten Jugendlichen _____ in der Ausbildungsstätte des FC Bayern wohnen.

3 Hier _____ sie jederzeit zum Training gerufen werden.

4 Jeder junge Spieler _____ täglich nach der Schule trainieren.

5 Intensives Training _____ zu Disziplin, Selbstbewusstsein und innerer Stärke führen.

dürfen	können	müssen	sollen	wollen

b) **Was bekommen die jungen Fußballer vom FC Bayern?**

1 _____   2 _____

3 _____   4 _____

5 _____   6 _____

Pubertät

Sehen Sie sich das Video über die drei Phasen der Pubertät an und machen Sie Notizen in der folgenden Tabelle.

	Stimmbruch	Haarwuchs	Akne
Kennzeichen			
Reaktion			

Gruppendiskussion

Geben Sie Ihre eigene Meinung zum Thema „Pubertät" wieder.

♫ Echt: Popmusik

a   Lesen Sie die folgenden Texte von „Echt" und geben Sie sie mit Ihren eigenen Worten wieder.

1   „Ich seh' von Natur aus eigentlich ganz gut aus, war eigentlich immer ganz zufrieden mit mir."

2   „Mädchen mögen Sieger. Wie du's verdrehst, wie du's auch wendest, es wird immer so sein."

3   „Unser Leben ist ein weißes Blatt Papier, da können wir nichts dafür. Komm lass' uns etwas schreiben, das uns wichtig ist.

4   „Alles wird sich ändern, wenn wir groß sind."

b   Beantworten Sie die folgenden Fragen in ganzen Sätzen.

1   Warum heißt diese Band „Echt"?

2   Was machen die Jungen, wenn sie nicht gerade in der Band spielen?

3   Wo und wann begann der Erfolg von „Echt"?

4   Was denken die „Echt"-Jungen von den englischen Mädchen?

5   Was beschäftigt Deutschlands jüngste „Boyband" am meisten?

Deutschland – seltsam, aber wahr!

John Moloney: Toiletten

a   Jemand beschreibt seine Erfahrungen mit einem Außenklo in einem Berliner Altbau. Ergänzen Sie die folgenden Sätze mit den richtigen Ausdrücken von der Liste.

Gestern bin ich (1) _____ aufgewacht. (2) _____ konnte ich das Klo nicht finden. Es war dunkel und auch sehr kalt. Auf der Treppe standen schon (3) _____ und ich musste mich hinten (4) _____. Geduldig wartete ich, bis ich (5) _____ kam. „Endlich!" dachte ich, aber da (6) _____ ich auch schon das nächste Problem.

viele Leute	bemerkte	zuerst	im Außenklo
gut vorbereitet	mitten in der Nacht	anstellen	an die Reihe

b   Sehen Sie sich das Video über das Café Klo und das Nachttopfmuseum an. Welche Gegenstände können Sie hier sehen? Beschreiben Sie drei Gegenstände mit ihren eigenen Worten.

1 _____

2 _____

3 _____

  Channel Hopping auf Deutsch

♡ Fotoliebesroman: Tina und Mark

a Tina und Mark haben sich seit fünf Jahren nicht gesehen. Eines Tages bekommt Tina einen Brief von Mark. Er schreibt, dass er wieder in die Stadt kommt und sie sehen möchte. Überlegen Sie, was Mark genau geschrieben hat.

Liebe Tina!

Heute habe ich sehr gute Nachrichten für dich. Nächste Woche ...

b Stellen Sie sich vor, dass die folgende Geschichte im vergangenen Jahr passiert ist. Schreiben Sie die Sätze in die richtige Zeit um. Aber ACHTUNG! Verwenden Sie die richtigen Verbformen.

Nach fünf Jahren kommt Mark zum ersten Mal wieder in die Stadt und Tina holt ihn am Bahnhof ab. Mark sieht wie ihr Traumtyp aus, und Tina versucht cool zu bleiben, als er sie umarmt. Am nächsten Abend gehen sie in eine Disco. Tina denkt, dass Mark in der Disco ein anderes Mädchen treffen kann. Mark tanzt ein bisschen mit Tinas Freundin Meike, aber er findet sie langweilig. Tina ist eigentlich total in Mark verliebt und er küsst sie, weil er sie auch mag.

Geheimtip:
geil

◯ Gruppenarbeit

a Schreiben Sie eine Liste mit allen deutschen Wörtern, die Sie kennen und die „cool" bedeuten.

b Denken Sie dann über negative Ausdrücke nach. Können Sie genau so viele Wörter finden?

♫ Sabrina Setlur

Lesen Sie diesen Text von Sabrina Setlur und besprechen Sie, worum es hier geht. Fühlen Sie sich von diesem Lied angesprochen? Denken Sie, dass der Stern in der traditionellen „Sternform" hinter ihrem Tellerrand sitzt?

Wie viele Sterne kannst du nennen, und wie viele davon verbrennen
an dem Tag, an dem wir Schein vom Sein trennen.
Wie viele rennen gegen Mauern und bedauern,
dass sie überhaupt kamen, weil sie arm sind und Gefahren lauern.
Wie viele kauern in Zelten,
gefangen in Welten und von Gesetzen, die für Sterne gar nicht gelten.
Er wird selten gesehen und selten erkannt,
denn der Stern ist hinter deinem Tellerrand.
Er ist artverwandt mit Luft und Land, den sieben Meeren,
der Sonne, dem Mond, dem Himmel, dem Wind, den Heeren
von anderen Sternen, die du aber auch nicht siehst,
weil du blind bist, es genießt
und die Wahrheit nicht liebst.
Aber die Wahrheit ist wahr, ob du sie liebst oder nicht
und der Stern scheint klar, ob du ihn siehst oder nicht.
Sein Licht ist ehrenwert, auch wenn es manche nicht ehren.
Wenn du ihn siehst, folge dem Stern.
Bist du bei uns, dann folge dem Stern.

Antworten

Programm 1

Patricia Pantel in Berlin 1. Aussehen: lange, blonde Haare, ... Charakter: lustig, offen, ... Geschmack: bunte Kleider, ... Beruf: Moderatorin, ...
2. Die Hauptstadt von Deutschland ist sehr alt. Es gibt sehr viele interessante Gebäude in Berlin. Das Nachtleben ist auch sehr gut und ...

„Blind Date" A5 B6 C1 D2 E4 F3

Aziza A. 1. Oriental ist der kulturelle Einfluss von Azizas Kultur auf die Musik. Hip-Hop ist der Stil.
2. Aziza und ihre Familie: Eltern 1966 nach Deutschland ... Türkei: Der Mann steht über der Frau. ... Gastarbeiter: nicht die gleichen Rechte wie die Deutschen, ... 4. Salla: Vergiss es! Nimm es nicht so ernst!

John Moloney 1. a) Schutz vor schlechten Kopien, ...
b) Überleben der Tradition, ... c) Bartpflege, ...
d) lange Nasen,
2. Als Fremder in Deutschland sollte man einem Verein beitreten, dann kann man viele neue Freunde kennenlernen.

Geheimtip 2. Patricia sagt, dass sie auf Stefan steht.
3. Melanie sagt, dass sie auf Christian steht.

Programm 2

Wildschweine a. 2. zur Welt bringen 3. das Problem lösen 4. Manieren haben 5. die Stadt erobern
6. im Wald leben
b. 1. zerstört 2. intelligent, stark 3. angriffslustig
4. fetten 5. schöne, schweinischer, leckere
6. ungefährlich 7. ordentliche

Flaschengeist (F = Flaschengeist, M = Mann) 1.F 2.F
3.F 4.F 5.F 6.M 7.F 8.F 9.F 10.M 11.M 12.F

Fotoliebesroman 1. mit Autos 2. ganz heißer 3. Heim
4. Ferien, Hause 5. Deine Kappe 6. Ferien

Programm 3

Einleitung 1. ein Wiener Würstchen/Schnitzel
2. ein Brötchen mit Hackfleisch 3. eine Küchenschabe im Schrank 4. ein junger Hering

Boxen a. 1. Seit zwei Jahren 2. morgens 3. jeden Tag
4. heutzutage 5. schon immer 6. mittlerweile
b. fit und sportlich, kampfbereit, entschlossen

Strafe vermeiden a. 1. Man soll im Wohnzimmer nicht mit Bällen spielen. 2. Man kann die Scherben wegräumen. 3. Man könnte einen Sündenbock finden.

4. Der Vater kneift die Augen zusammen. 5. Man sollte dem Vater auf keinen Fall widersprechen. 6. Man kann woanders Basketball spielen.
b. 1. bewahren 2. ersparen 3. suchen 4. bekommen
5. begrenzen 6. überlegen 7. zusammenkneifen
8. abziehen

Petra Perle a. heiße, überall, Haushalt, jeden, saugen, fröhlich, Haushaltsdingen

John Moloney a. 1. ... gibt es in Deutschland viele begeisterte Jodler. 2. ... Takeo Ischi ist einer der bekanntesten Jodler. 3. ... ist Takeos Meisterstück.
4. ... dem Zillertall ist Österreichs berühmteste Attraktion. 5. ... drei millionen Platten verkauft.

Geheimtip b. 1. Ich verstehe nichts. 2. Ich bin total aufgeregt. 3. Das ist mir egal. 4. Diese Rechnung ist sehr hoch.

„Gute Zeiten" c. 1. kriegen 2. verbergen 3. Gedanken
4. der Raum 5. Ich kann's nicht fassen.

Programm 4

Moorleichen a. 1. ging, wurde 2. steckten 3. warfen
4. versenkten 5. wurde
b. 1. ..., weil das Moorwasser extrem sauerstoffarm ist.
2. ..., weil es große Wasserspeicherzellen hat.
3. ..., weil im Moor nichts verfault.

Hardbradler b. Socken, traditionelles Kostümkleid, Weste, Hut, ein wenig

John Moloney b. 1. kindischer Unsinn 2. Deutschland
3. schreckliche Angst 4. deutschen Charakter
5. Mülltrennung 6. Umweltverschmutzung
7. Bürokratie

Geheimtip a. 1. ein nicht brennbares Gas 2. ein giftiges Gas 3. ein Nährstoff 4. eine Säure, z.B. in Sodawasser
5. ein Raum unter dem Haus und für Kohle
6. Papier zum Durchschreiben

Programm 5

Fußball a. 1. will 2. dürfen 3. können 4. muss 5. soll
B. Wohnung, Möbel, Taschengeld, eine Heimfahrt, Essen, Verpflegung, eine Chance, Fußballtraining

John Moloney a. 1. mitten in der Nacht 2. zuerst
3. viele Leute 4. anstellen 5. an die Reihe 6. bemerkte

Fotoliebesroman b. kam, holte, sah, versuchte, umarmte, gingen sie in eine Disko, dachte, treffen könnte, tanzte, fand, war ... verliebt, küsste, mochte

Channel Hopping auf Deutsch

Programm 1

Hallo Leute, und herzlich willkommen bei Channel Hopping auf Deutsch – die Show für einfaches, schmerzloses und lustiges Deutschlernen ... Aber bevor wir anfangen, sollte ich mich wohl vorstellen: Mein Name ist Patricia Pantel, und da ihr mich die nächsten fünf Wochen ertragen müsst, hat Channel Hopping einen Bericht vorbereitet, der genau erklärt, wer ich bin. Hmm ... das kann interessant werden.

Patricia in Berlin

Patricia Pantel   Hallo, willkommen in Berlin, meiner Heimatstadt. Und in Berlin gibt es mehr junge Menschen als in vielen anderen Städten, denn wenn man jung ist, ist man in Berlin absolut richtig!

Kommentator   *Patricia Pantel hat Channel Hopping auf Deutsch nach Berlin eingeladen, um mit ihr durch einen typischen Tag zu brausen.*

Patricia Pantel   Ich bin nicht so faul wie ihr und lasse meine Eltern für mich bezahlen, während ich in der Schule sitze und schlafe! Ich arbeite als Journalistin fürs Fernsehen und fürs Radio.

Moderatorin   So, da sind wir wieder: eure Lieblings-Soap-Schwestern Kirsten und Patricia!

Patricia Pantel   Genau! Ich bin auch da! Hallo ihr!

Kommentator   Patricia ist im Moment DJ bei Radio Fritz, bei einer Sendung für Serienfans, „Soapgestörte". Sie spricht mit den Stars, hält die Zuhörer mit dem neuesten Klatsch auf dem Laufenden und organisiert Gewinnspiele.

Patricia Pantel   Berlin ist bekannt für seine Musikszene, und fast jeder junge Berliner spielt in einer Band. Die meisten haben natürlich keinen Plattenvertrag, keine Instrumente und sowieso kaum eine Zukunft. Hi, Jungs! (Hi!)

Jungen   Und wir heißen „Guter". Das ist wie gut, bloß besser. Aber Achtung, die Grammatik stimmt nicht! Also benutzt das Wort nicht in euren Aufsätzen.

Patricia Pantel   So, wenn der Tag vorbei ist, geht der Spaß erst richtig los! Denn dann kann ich mich ins Nachtleben von Berlin stürzen. Also, wir sehen uns in London. Tschüs!

Mein erstes Date hatte ich mit einem Jungen namens Stefan. Stefan arbeitete in einem Käseladen. Manchmal frage ich mich, was aus Stefan geworden ist. Und in manchen heißen Sommernächten rieche ich noch immer den unvergesslichen Duft von altem Käse ... Egal, in unserer nächsten Geschichte lernen wir, was man beim ersten Date tun darf und was nicht.

Dr. Mag Love: „Blind Date"

Mann   Ja, hallo! Ach, das ist ja toll, dass du dich auf meine Kontaktanzeige meldest! Um 20 Uhr in der Single Bar? Ja, das geht klar!

Frau   Wie wär's, wenn wir beide eine rote Rose als Erkennungszeichen tragen?

Mann   Ja! Gute Idee! Ja, das finde ich ja ...

Ich war total aufgeregt! Dies sollte mein zweites „Blind Date" werden. Mit Schrecken erinnerte ich mich an die Katastrophe beim ersten Mal. Damals hatte ich versäumt, auf mein gepflegtes Äußeres zu achten. Ein peinlicher Fehler, der mir nie wieder unterlaufen sollte.

Diesmal würde ich mich gründlich rasieren. Als nächstes wollte ich eine erfrischende Dusche nehmen, rutschte aber auf der Seife aus und brach mir dabei den Arm. Vor dem Spiegel entdeckte ich hässliche, borstige Haare aus meiner Nase wuchern. Bei dem Versuch, sie zu entfernen, schnitt ich mir unglücklicherweise in die Nase. Aber ich wollte wenigstens gut riechen, doch auch hier entschied sich das Schicksal gegen mich. Mit verschwommenem Blick tastete ich nach dem Fön, um Petra wenigstens eine schöne Frisur zu bieten. Ausgerechnet an diesem Tag ließ er mich im Stich und versetzte mir einen heftigen Stromschlag! Ich war verzweifelt!

Mittlerweile sah ich noch schlimmer aus als je zuvor! Dennoch entschied ich mich, die Verabredung mit Petra wahrzunehmen. Immerhin war ich sauber und roch angenehm. Unsicher hielt ich Ausschau nach der roten Rose … Es war Liebe auf den ersten Blick! Sofort war uns klar, dass wir viele Gemeinsamkeiten hatten, und wir wurden ein glückliches Paar!

Jede Woche werden wir in Channel Hopping auf Deutsch einen Blick auf deutsche Popmusik werfen. Deutsche Popmusik ist nicht sehr bekannt. Der Grund für diese Tatsache ist, dass sie größtenteils sehr schlecht ist. Einige Ausnahmen kommen von den in Deutschland lebenden Türken, wie zum Beispiel Aziza A.

Aziza A.: Oriental Hip-Hop

Aziza A.

Hi, Zuschauer von Channel Hopping auf Deutsch. Ich heiße Aziza A. und meine Musik ist Oriental Hip-Hop. Meine Eltern sind 1966 nach Deutschland gekommen. Und wie viele andere Türken sind sie nach Deutschland gekommen, weil sie arbeiten wollten. Wir wurden genannt Gastarbeiter. Ich gehöre zur zweiten Generation.

Oriental Hip-Hop ist, logisch, Hip-Hop halt, und oriental ist halt der Touch, den wir durch unsere Kultur und durch unsere Musik geben. Dieses Instrument ist ein typisch traditionelles, türkisches Instrument, heißt Darbuka und gibt den Beat an im orientalischen Stil, und deswegen, finde ich, passt es sehr gut zum Hip-Hop. Mit Hip-Hop kannst du alles ausdrücken, es ist egal was, und wenn man was zu sagen hat, dann sagt man's einfach!

Kinder von Türken in Deutschland kriegen nicht automatisch den deutschen Pass, auch wenn sie hier geboren sind. Ohne einen deutschen Pass hast du wesentlich weniger Rechte und kannst nicht wählen.

Eins von den Worten, die ich benutze in meinen Songs, heißt „SALLA!" und ist so etwas wie „Vergiss es! Nimm's nicht so ernst!" Und wenn jemand auf den Nerv geht, dann: „SALLA!, nimm's nicht so ernst!"

An alle die, deren Eltern nicht aus England kommen: Bleibt immer so, wie ihr seid, lasst euch nichts vorschreiben und seid stark!

Deutschland – seltsam, aber wahr! (Vereine)

John Moloney

Hello. I'm Herr Professor Doktor John Moloney. By the end of Channel Hopping auf Deutsch, you will have learnt to speak perfect German. Naturally, you'll want to get on the next plane to Germany to try it out.

Aber wenn ihr dort ankommt, werdet ihr finden, dass es eine Menge kultureller Unterschiede gibt … Und alle sind seltsam, aber wahr. Wie ein altes Sprichwort sagt: Wenn drei Deutsche zusammenkommen, finden sie sofort einen Grund, einen Verein zu gründen – und suchen ständig nach neuen Mitgliedern.

Kommentator

Willkommen in Rot am See, Hauptquartier des – aber klar! – Vereins zum Schutz des deutschen Gartenzwergs. Die Deutschen nehmen Gartenzwerge sehr ernst. Als Vereinsmitglied bekommt man einen lustigen Spitzhut und darf zur Gartenzwergjahreskonferenz. Dieses Jahr standen Vandalismus, schlechte Kopien aus dem Osten und der zunehmende schlechte Geschmack auf der Tagesordnung.

★ ★ ★ ★ ★

Aber wenn euch das nicht aufregend genug ist, müsst ihr euch mit Walter Böhner unterhalten. Die Woche über ist Walter ein harmloser Büromensch, aber am Wochenende wird er zum Hunnen! Ja, Walter ist Vorsitzender des Kölner Hunnenvereins. Er hat uns zu einem typischen Samstag eingeladen. Typisch für Hunnen natürlich. Die Hunnen beherrschten Deutschland im fünften Jahrhundert. Walter und seine Freunde glauben, dass die Hunnen die besten Klamotten und die beste Lebensweise überhaupt hatten. Aber der Höhepunkt des Hunnenwochenendes ist das Festessen, wo Hunnen die Sau rauslassen, eine Kleinigkeit essen und Tischmanieren vergessen können. Eigentlich wie in der Schule. Und zum Schluss wird gerauft. Auch wie in der Schule.

Die Kleinstadt Höfen im Schwarzwald ist das Hauptquartier des Bart- und Schnorresvereins. Mitglied kann jeder werden, solange er einen Bart hat, der mindestens 10 Zentimeter lang ist. Egal in welcher Richtung. Aber Vorsicht, wenn ihr auch so einen Luxusbart haben wollt: Die Vereinsmitglieder schätzen, dass die Bartpflege bis zu 3000 Mark im Jahr kostet. Mitglieder des Bartvereins raten: Für einen langen Bart braucht man viel Ruhe.

Aber Channel Hoppings Lieblingsverein ist der Nasenverein. Diese Männer und Frauen bereiten sich fleißig auf das Ereignis des Jahres für deutsche Nasen vor, den Nasenwettbewerb, wo die längsten Nasen Deutschlands zu Nasenkönig und Nasenkönigin gekrönt werden. Die Meßtechnik ist hochmodern und die Regeln sehr streng. Nasenkönig und Nasenkönigin in diesem Jahr sind Herr Ostermeier und Frau Otto aus Westfalen.

John Moloney Also, hier ist mein Ratschlag – wenn ihr Deutschland besucht, tretet so vielen Vereinen wie möglich bei, dann findet ihr garantiert Freunde.

Ihr fragt euch wahrscheinlich, warum ich dieses dumme Kleid mit Herzchen anhabe. Es ist nicht, weil ich es cool finde. Es sagt auch nichts über den Zustand meines Liebeslebens aus …

In fact if there are any eligible men out there I'd love to hear from you.

Der Grund für dieses dumme Kleid ist ganz einfach: Jede Woche werden wir euch ein süßes Stück Romantik servieren. Wir nennen es den Fotoliebesroman und wünschen euch dabei „Guten Appetit".

Fotoliebesroman: Ich bin schwul

Melanie *Es war Frühling. Meine Freundin Sandy und ich wollten abnehmen.* Man muss was tun, vor allem deswegen!

Sandy Und deswegen!

Melanie Der ist gar nicht übel! Hi, Jungs! Seid ihr öfter hier?

Christian Ich bin Christian … das ist mein Freund Stefan.

Melanie *Ich fand diesen Christian einfach umwerfend. Ein paar Tage später …* Wer ist denn da?

Christian Du bist ja auch da.

Melanie Hallo … Ich hol schnell was zu trinken. Lass mich in Ruhe!

Junge Du stehst wohl auf Schwule!

Christian Melanie, ich muss dir etwas sagen. Ich finde dich total nett … aber ich bin schwul. Hey!

Melanie *Ich fühlte mich schrecklich. Also beschloss ich, Christian zu besuchen. Warum hat er mir nicht eher gesagt, dass er nicht auf Mädchen steht?*

Christians Mutter Hallo!

Melanie Hallo, ich bin Melanie, ich möchte zu Christian.

Christians Mutter Komm rein.

Melanie Oh! Was ist passiert?

Christian Es gibt noch mehr Leute, die Schwule nicht mögen.

Melanie Das tut mir leid! Ich war so bescheuert und so egoistisch.

Christian Ich hätte es dir früher sagen sollen. Bleiben wir Freunde?

Melanie Sind wir doch schon!

Das Schöne beim Fernsehen ist, dass sie dir alles geben, was du willst. Sie haben mir sogar meinen eigenen Pin-up-Jungen gegeben, und er heißt Kai. Sag „Hallo", Kai. (Hallo.) Jede Woche werden wir euch einen Tip geben, um euer Deutsch zu verbessern. Wir nennen es den Geheimtip. Der heutige Geheimtip ist der Satz „Ich stehe auf dich." „Ich stehe auf dich" is a very useful German expression which means "I fancy you".

Kai Patricia, ich stehe auf dich.

Patricia Danke, Kai.

However, be careful not to confuse "Ich stehe auf dich" with "Ich stehe auf dir", which means "I stand on you."

So, das wär's für die erste Ausgabe von Channel Hopping auf Deutsch. Aber bevor wir uns verabschieden, haben wir noch ein Video der deutschen Antwort auf Blur: die Hamburger Band Tocotronic.

Programm 2

Hallo, und herzlich willkommen bei Channel Hopping auf Deutsch.

Mein Name ist Patricia Pantel und ihr denkt sicherlich, ich habe großes Glück, dass ich beim Fernsehen bin. Ich bekomme tolle Kleider und lebe in dieser bunten Welt der fliegenden TV-Sets.

Chamäleon: Wildschweine

Alles kaputt und zerstört. Wer hat hier randaliert? Die Täter haben eine Spur hinterlassen: Wildschweine!

Intelligent, stark, schnell und vor allem zahlreich sind die Schwarzkittel. Vier bis acht Frischlinge bringt eine Bache pro Wurf zur Welt. Gefährlich und angriffslustig gegen jeden wird der Nachwuchs bewacht. Kein Problem für uns, denn eigentlich leben sie im tiefsten Wald. Unsere Städte fressen sich aber immer mehr in ihre Lebensräume. Tierischer Appetit treibt die Allesfresser zu den Menschen, und das ist gefährlich, auch für sie. In der Dämmerung erobern die Wildschweine unsere Städte auf der Suche nach fetten Happen. Und so passiert es nicht selten, dass mancher Tierfreund entsetzt ist, wenn er entdeckt, dass er über Nacht Besuch im Garten hatte. Die Tiere haben gelernt, bei den Menschen gibt es Leckerbissen, zum Beispiel in den Mülltonnen.

Auch ahnt mancher Gartenfreund gar nicht, dass sein schönes Blumenbeet aus schweinischer Sicht nur eine leckere Salatplatte ist. Ärger macht sich breit. Die Besucher sind schließlich nicht ungefährlich. Am besten aber lassen sie sich mit Lärm und Licht vertreiben. STOP! Das geht zu weit. Wilderei nennt man das. Aber es gibt Leute, die das Problem ganz anders lösen. Sie machen sich das wilde Schwein beizeiten zum Hausfreund. Hat es erst einmal ordentliche Manieren, braucht man sich vor ihm auch nicht mehr zu fürchten.

In unserer nächsten Geschichte treffen wir einen Mann, der in einer Ketschupflasche wohnt. Natürlich ist so was nur beim Fernsehen möglich. Falls ihr auch Freunde habt, die in Ketschupflaschen wohnen, das ist nicht normal und an eurer Stelle würde ich sofort zu einem Arzt gehen.

Dr. Mag Love: Flaschengeist

Junge Ah!

Geist Wieso hat eigentlich dieser Idiot mich in diese enge Ketschupflasche gesperrt? Menschen sind einfach zu blöd! Und was ist mit dir? Wohl noch nie einen Flaschengeist gesehen? Eh? Eh, nee! Ach! Noch so ein Volltrottel. Ich halt's nicht aus! Pass mal auf! Es ist ganz einfach! Du hast mich befreit, darum hast du drei Wünsche frei. Kapiert?

Junge Ja!

Geist Na los! Mach schon! Wünsch dir was!

Junge Ja okay. Ich bin eigentlich total urlaubsreif. Ich will einfach nur weg! Eh! Was soll das! So war das nicht gemeint! Ich will wieder sichtbar werden!

Geist Das ist aber dann dein zweiter Wunsch!

Junge Erst unsichtbar und dann das. Das gilt nicht!

Geist Also gut, den zähle ich nicht. Aber ab jetzt drück dich gefälligst klarer aus!

Junge Ich wünsche mir einen richtigen Traumurlaub! Ah nein! Ich will richtig in Urlaub fahren! Nicht schlafen! Weck mich wieder auf!

Geist Das wäre aber dann schon dein dritter Wunsch.

Junge Na schön! Dann mache ich es lieber selbst. Heh! Aufwachen! Ich wünsche mir Urlaub an einem Ort, wo ich von niemandem gestört werde und mindestens drei Monate meine Ruhe hab. Das ist gemein! Das hast du mit Absicht gemacht! Du blaues Monster! Hol mich hier raus! Hol mich hier raus!

Geist Schick mir mal eine Ansichtskarte, Kleiner.

Junge Ketschup!

Channel Hopping auf Deutsch

Nach dem Zweiten Weltkrieg war Deutschland in zwei Teile geteilt. Der östliche Teil war kommunistisch und der westliche Teil kapitalistisch. Deutschland wurde wiedervereinigt. Und hier endet unsere Geschichtsstunde, denn ich befürchte, das ist alles, was ich weiß. In unserem nächsten Film treffen wir einige Ostdeutsche, die denken, dass die alten Zeiten eigentlich gar nicht so schlecht waren.

Die Easty Girls: „Ostalgie"

Hallo, liebe Zuschauer von Channel Hopping auf Deutsch. Mein Name ist Kathrin und meine Musik ist ostalgisch. Alles klar? (Ja.) Der Name unserer Band ist ganz einfach. Wir sind die „Easty Girls", weil wir aus dem Osten kommen. Ich komme aus Leipzig, einer Großstadt in der ehemaligen DDR. Ich bin in einem typischen Neubau aufgewachsen. Damals in der DDR war vieles anders. Wir haben oft Uniform getragen. Die Regierung wollte, dass wir ihre Lieder singen. Ich finde, die offizielle Musik war zum Einschlafen. Deswegen haben wir ein paar kleine Änderungen gemacht. Jetzt können wir nämlich so singen, wie wir wollen.

1989, nach dem Fall der Berliner Mauer, hat sich Leipzig auch sehr verändert. Viele Fabriken wurden geschlossen. In Leipzig gibt es jetzt viele Arbeitslose. Ewige Treue dem sozialistischen Vaterland. Bald wird Leipzig wie eine typische westdeutsche Großstadt aussehen. Inzwischen gibt es Büros von vielen internationalen Banken. Die alten Fabriken mögen sie nicht, sie bauen lieber neue. Viele im Westen wollen vom Osten überhaupt nichts wissen. Die wollen sogar unsere Ampelmännchen auswechseln. Ich finde das alte viel witziger, weil es einen Hut auf hat.

Aufgepasst! „Ostalgie" ist ein neues Wort: es besteht aus „Osten" und „Nostalgie". Wir feiern gerne Ostalgie-Partys. Das ist wie ein Tag Urlaub in der DDR und erinnert uns an die guten Zeiten von damals ... und über die schlechten können wir uns endlich lustig machen. Ganz in die DDR zurück wollen wir nicht. Aber auf unseren Partys haben wir viel Spaß. Und trotz der Probleme heute – Spaß muss sein!

Deutschland – seltsam, aber wahr! (Baywatch)

Guten Tag allerseits! Ich bin Herr Professor Doktor John Moloney. Diese Woche werde ich euch etwas über die merkwürdige Faszination der Deutschen mit Baywatch erzählen. [] ...Und ihr habt Recht. Aber wenn ein Deutscher sagt, dass er Baywatch liebt, solltet ihr zustimmen und sagen, dass ihr auch Baywatch liebt. Warum? Weil es eine der beliebtesten Fernsehserien in Deutschland ist. Sehr seltsam, oder? Aber wahr!

Junge	Ich finde Baywatch gut, weil da ist immer viel Action drin und gute Frauen.
Pamela Andersons Double	Ja, hallo, ich bin Ina Werner, bin 28 Jahre alt und bin in Deutschland bekannt geworden, weil ich eine große Ähnlichkeit zu Pamela Anderson habe.
Kommentator	Als Pamela-Anderson-Double macht man in Deutschland Schlagzeilen. „Baywatch" ist eine der Top-Fernsehsendungen, und Ina hat eine große Limousine und jede Menge Fans. Ina wurde durch eine Fernseh-Talkshow berühmt. Sie wurde eingeladen, weil die echte Pamela nicht kommen wollte. Inzwischen haben die Deutschen ihre eigene Pam viel lieber.
Mann	Ich finde, die ist besser, viel besser, zehnmal besser als die Amerikanerin.
Kommentator	Aber Ina fängt jetzt eine Musikkarriere an, und selbst wenn die Deutschen „Baywatch" langweilig finden sollten, werden sie Ina vielleicht weiter interessant finden.
Mädchen	David Hasselhoff finde ich gut, weil er gute Musik macht, und er sieht auch nicht schlecht aus.
Kommentator	Ja, David Hasselhoff! In England wird er nicht immer ernst genommen. Aber in Deutschland ...!! Channel Hopping auf Deutsch findet, dass dieser tolle Auftritt von David alles sagt ... Obwohl er eigentlich kein Deutsch kann, bemüht er sich, auf Deutsch zu singen und sieht dazu unglaublich gut aus. Kein Wunder, dass die deutschen Jugendlichen einfach nicht genug von David Hasselhoff kriegen

25

können! Es gibt sogar jedes Jahr einen Wettbewerb für das beste David-Hasselhoff-Double. Hier ist der Gewinner vom letzten Jahr ...

David Hasselhoffs Double Von sieben internationalen David-Hasselhoff-Imitatoren habe ich hier die Auszeichnung zum besten von Europa bekommen.

Kommentator Jörg hat vor, eine eigene Karriere als Sänger zu starten, aber die große Frage ist: was hält der echte Hasselhoff von Jörgs Auftritt? [] Eigentlich sieht er wie Barry Manilow aus.

John Moloney Wie auch immer, wenn ihr in Deutschland Freunde finden wollt, zieht euch am besten so an! Ja! Und wenn ihr euch kein Surfbrett leisten könnt ... Zieht euch so an! Wie weit ist es denn zum Strand, Jungs?

Wie ihr sehen könnt, habe ich schon wieder dieses dumme Herzchenkleid an. Das heißt, es ist Zeit für unseren wöchentlichen Besuch bei den Kindern mit den vielen Hormonen und dem wenigen Schauspieltalent. Es ist Zeit für unseren Fotoliebesroman. Guten Appetit.

Fotoliebesroman: Jugendheim

Bastian *Mein Kumpel kennt sich mit Autos aus. Er knackt jedes Modell in 30 Sekunden. Jawohl! Ja! Diesmal war es ein ganz heißer Wagen.*

Kumpel Die Bullen! Verdammt, die Schranke ...

Bastian *Ich musste in ein Heim. Nach einem Jahr durfte ich endlich in den Ferien nach Hause.*

Kumpel Und, wie sieht's aus?

Bastian Schlecht sieht's aus.

Kumpel Aufreißen müsste man mal wieder was.

Bastian Aber keine Autos.

Moni Hey, Bastian, dass man dich auch mal wieder sieht! Das ist übrigens Doreen.

Doreen Cool, deine Kappe. Kann ich die mal haben?

Bastian Und was kriege ich dafür?

Doreen Einen Kuss?

Bastian Einverstanden. *Mit Doreen vergingen die Ferien schnell. Ich war richtig verliebt. Aber ich konnte ihr einfach nicht sagen, dass ich in einem Heim war. Der Tag der Abreise kam. Ich muss dir was sagen ...*

Doreen Ja, dann sag doch endlich!

Bastian Aber wenn du mich dann nicht mehr magst ...

Doreen Ja, was denn! Dann sag doch endlich!

Bastian Ich wohne in einem Jugendheim. Ich habe früher eine Menge Mist gemacht.

Doreen Ich weiß doch, Moni hat mir alles gesagt.

Bastian Und es macht dir nichts aus?

Doreen Ich stehe auf kleine Gangster.

Bastian *Ich wusste, jetzt wird alles gut. Mit Doreen würde ich es schaffen.*

Und nun ist es Zeit für unseren Geheimtip. Our Geheimtip today is the word "Dingsbums" which means thing or thingy. If you ever find yourself in a situation where you don't know what the word for something is, simply use the word "Dingsbums". People will believe you are fluent. Trust me. For example: Hey Kai, gibst du mir mal so ein Dingsbums rüber. (Mit Vergnügen.) Seht ihr, was ich meine? Wie auch immer, das ist alles für diese Woche. Bleibt nur noch das Video. Die Band heißt „Superkind", und kommt aus einem Land, wo die Berge hoch und die Fondues tief sind, auch bekannt als die Schweiz.

©1998 Channel Four Learning Limited

Progamm 3

Hallo und herzlich willkommen bei Channel Hopping auf Deutsch. Mein Name ist Patricia Pantel. Die meisten von euch wissen sicherlich, dass Deutsch eine genaue Sprache ist. Leider wusste das President John F. Kennedy nicht, als er 1963 Berlin besuchte.

(JFK: I take pride in the words "Ich bin ein Berliner".)

"Ich bin ein Berliner" can mean I am a citizen of Berlin. But on the other hand it can also mean "I am a jelly doughnut". So don't you be vague like JFK. If you want to be a citizen of Berlin say "Ich komme aus Berlin". And if you want to be a piece of cake say "Ich bin ein Stück Kuchen."

Boxen

Kommentator	Universum Box Promotion ist in der Boxwelt ein Begriff. Man trainiert hier Weltmeister in fast allen Klassen. Seit zwei Jahren gibt es in diesem Verein auch ein Mädchen, das mindestens genau so hart trainiert wie ihre männlichen Kollegen.
Regina	Wir haben zweimal am Tag Training. Morgens ist also Kondition im Vordergrund. Wir laufen sehr viel, jeden Tag, und machen auch Bauchtraining, Schattenboxen, Seilspringen, alles was so dazugehört.
Kommentator	Regina Halmich ist die Weltmeisterin im Fliegengewicht. Hier bereitet sie sechs Stunden täglich ihren Körper auf die Kämpfe vor. Zum täglichen Training gehört auch das „Sparring". Das sind Probekämpfe, bei denen der Trainer beobachtet, was noch verbessert werden kann.
Ausbilder	So wie Regina das macht, finde ich, sie boxt schön, sie boxt schnell und ja … die muss wissen was die macht, die Frauen sind heutzutage emanzipiert, die wollen alles machen, was die Männer machen, und ich denke, das kann man nicht verbieten.
Regina	Ich war schon immer ein Kämpfertyp, ich wollt's schon immer wissen und ich glaube, deswegen ist auch der Erfolg da, weil man eben so motiviert ist.
Kommentator	Beim „Sparring" geht es richtig zur Sache. Nur ein realistischer Kampf kann Fehlerquellen aufdecken. Täglich vier bis sechs Runden mit

drei Minuten Länge sind Pflicht. Dazwischen nur ein paar Sekunden Pause! Reginas Sparring-Partnerin wurde extra aus den USA geholt, denn in Deutschland gibt es mittlerweile kein Mädchen mehr, das mit der amtierenden Weltmeisterin trainieren könnte.

Regina	Ja, natürlich … gut, mal Nasenbluten oder auch mal ein blaues Auge. Das kann schon mal vorkommen. Aber ich denke, dass sind so halt die typischen Verletzungen von einem Kampf. Aber, dass es jetzt ernsthafte Verletzungen sind … das ist also nicht der Fall, weil, wie man gesehen hat, wir trainieren auch mit Kopfschutz.

In unserer nächsten Geschichte geht es um Strafen – oder besser – wie man Strafen vermeidet und trotzdem Unsinn macht. Ich rate euch jetzt aufzupassen, denn wer weiß? Es könnte später nützlich sein.

Strafe vermeiden

Kommentator	Selbst ausgesprochen gute Basketballspieler können mal daneben greifen. Dumm nur, wenn das im Wohnzimmer der Eltern passiert! Was tun, wenn Strafe droht?
Mädchen	Eh! Ihr müsst einen kühlen Kopf bewahren. Aber vor allem – keine Panik!
Kommentator	Deshalb unser Tip Nummer Eins. Zuallererst versuchen, den Schaden zu begrenzen! Das macht Arbeit, spart aber eine Menge Ärger …
Mädchen	Wirkt irgendwie nicht überzeugend, oder?
Kommentator	Tip Nummer Zwei: Ausreden überlegen. Wie wäre es zum Beispiel mit einem Sündenbock?
Mädchen	Ich brauche einen Schuldigen. Ah!
Kommentator	Einen Sündenbock zu suchen ist allerdings ziemlich feige und nur in äußersten Notfällen zu gebrauchen. Tip Nummer Drei: Sich gut vorbereiten!
Vater	Kann man dich nicht fünf Minuten alleine lassen?! Ich hab dir tausendmal verboten …
Mädchen	Könnt ihr mal grad stoppen? Also,

ganz wichtig ist die Lautstärke. Je lauter sie werden, desto schlimmer wird's … Und zweitens, die Augen. Wenn sie die so böse zusammenkneifen, uhh! Dann heißt es, warm einpacken … Und der Finger! Wenn er so richtig schön kräftig geschüttelt wird, dann wird's ernst! Und bitte weiter …

Valer Und wenn du nicht hören kannst, dann kann ich auch anders und zwar ganz anders.

Kommentator Tip Nummer Vier: Bloß keine Widerworte!

Mädchen Aber es war doch sehr hässlich, die hätte sowieso viel besser in den Müll gehört … so wie du aussiehst, brauchst du überhaupt keinen Spiegel!

Kommentator Oh! Schwerer Fehler!

Mädchen Stop! Und diese Taktik ist nicht zum empfehlen!

Kommentator Besser ist Tip Nummer Fünf. Schuldig gucken! Erschüttert dreinblicken und den Kopf immer so bewegen wie die Eltern.

Vater Gut! Eine Woche Hausarrest und die Vase ziehe ich dir natürlich vom Taschengeld ab!

Mädchen Heh! Ich dachte ich hab alles richtig gemacht … komisch!

Kommentator Tip Nummer Sechs: Kein Basketball im Wohnzimmer der Eltern! Das ist hart, spart aber viel Ärger!

Wir Deutschen sind weltbekannt für unsere Autos und Autobahnen, aber leider nicht sehr bekannt für unsere Popmusik. Unser bekanntester Musiker war Ludwig van Beethoven. Doch der starb vor fast 200 Jahren und war dazu noch taub. Trotzdem finden einige Deutsche ihre Musik gut, vor allem Schlager. Was ist Schlager? Das werden wir gleich herausfinden …

Petra Perle: Schlagersängerin

Petra Hallo, ich bin Petra Perle und meine Musik ist der Schlager.

Kommentator Wenn ihr denkt, dass Schlagermusik nur mit Humor, putzen und bunten Kleidern zu tun hat, müsst ihr umdenken. Schlager ist die einzige Form von Popmusik, die normalerweise in deutscher Sprache gesungen wird.

Petra Früher war das Singen in Deutsch total verpönt. Alles wurde in Englisch gesungen. Englisch, Englisch, Englisch. Die einzigen, die deutsche Musik hörten, waren alt und langweilig. Um die deutschsprachige Schlagermusik zu fördern, erfand ich den alternativen Eurovisions-Song-Contest für deutschsprachige Sänger und ich nannte ihn den „Wahren Grand Prix".

Moderator Das waren alle 14 Nummern des heutigen Abends, die im Wettbewerb stehen.

Kommentator Seit 1993 treten die neuesten Schlagergruppen beim „Wahren Grand Prix" auf. Aber falls Zuschauer von Channel Hopping auf Deutsch Interesse haben mitzumachen, hat Petra einige nützliche Hinweise.

Petra Wenn du beim „Wahren Grand Prix" Erfolg haben willst, musst du natürlich ganz genau wissen, was du anziehst. Um richtig gut auszusehen, brauchst du selbstverständlich einen attraktiven Begleiter. Ach, was ist das? Rexi!

Kommentator Rex Kildo ist Petras Gesangspartner und mit ihrem neuen Lied hoffen sie, den „Wahren Grand Prix" zu gewinnen. Es kann sein, dass Petra und Rex den „Wahren Grand Prix" nicht gewinnen werden und dass deutschsprachige Popmusik auch nie wirklich erfolgreich wird. Aber wenigstens haben sie einander.

Deutschland – seltsam, aber wahr! (Jodeln)

John Moloney Guten Tag allerseits. Ich bin Herr Professor Doktor John Moloney. Diese Woche geht es um das Jodeln.

Kommentator Seit Beginn aller Zeiten gibt es in Deutschland viele begeisterte Jodler. Heute ist Reit im Winkl der deutsche Mittelpunkt der Jodelkunst. Einer der bekanntesten Jodler ist – kaum zu glauben – ein Japaner, Takeo Ischi. Er kam ursprünglich als Tourist nach Deutschland, aber er jodelt so gerne, dass er geblieben ist – und das schon seit mehr als 15 Jahren. Takeos Meisterstück ist sein legendäres Hühnerlied.

John Moloney	Jetzt denkt ihr sicherlich, was für ein toller „Sound", aber könnte man nicht moderner jodeln? Ihr habt Glück. Hier ist eine Band die beweist, dass Jodeln auch rockig sein kann.
Kommentator	Ja, diese Gruppe aus dem Zillertal ist Österreichs berühmteste Attraktion. Sie haben die Jodeltradition ins zwanzigste Jahrhundert gebracht, mit einer eleganten Mischung aus Rockmusik und Jodeln. Sie sind beliebt bei Jung und Alt und haben mehr als drei Millionen Platten verkauft. Die Zillertaler sind Megastars und das seit fast 25 Jahren. Aber sie haben den Kontakt zu ihren Wurzeln nie verloren! Der gutaussehende Bergbauer Josef Kirschbaumer hat entdeckt, dass Jodeln nicht nur zum Spaß, sondern auch zum Geldverdienen gut sein kann. Eines Tages spielte Josefs Radio Jodelmusik, während er seine Kühe melkte. Sie begannen, mehr Milch zu produzieren und er beschloss, für sie zu jodeln. Inzwischen lässt Josef seine Tochter Viktoria und seinen Sohn Oliver Musik für die Tiere machen. So erklingt „The Sound of Music" heute über den Bergen.
John Moloney	Ist es nicht verrückt? Ich wollte mein Lieblingshuhn Curtis dazu bringen, mehr Eier zu legen – aber es ist einfach nicht interessiert.

Nun sind wir wieder bei dem zuckersüßen Teil dieses Programmes angelangt. Heute geht es um Liebe im Internet. Das beste an Liebe im Internet ist, dass man mit jemanden eine Romanze beginnen kann, ohne ihn jemals sehen zu müssen – und glaubt mir, oft ist das der beste Weg.

Fotoliebesroman: Liebe im Internet

Andi	*Ich war auf eine Party eingeladen.*
Freundin	Guck mal, da ist Sascha, dein Exfreund!
Josch	Bist du solo?
Andi	Es gibt eben keinen, der gut genug ist für mich.
Josch	Das werden wir sehen!
Andi	*Josch war wirklich ein toller Typ. Sascha hatte ich bald vergessen. Seit diesem Abend war ich mit Josch zusammen.*
Josch	Hier, ich hab was für dich.
Andi	Du bist so lieb, Sascha ...
Josch	Sascha?!
Andi	Mit Sascha war ich mal zusammen.
Josch	Du liebst ihn noch! Stimmt's?
Andi	*Ich kam mir so gemein vor wegen Josch. Aber mit ihm fehlten einfach die Schmetterlinge im Bauch.*
Freundin	Du sitzt schon wieder vor der Glotze?
Andi	Und du sitzt stundenlang vor dem Computer.
Freundin	Noch nie von „Internet-Dating" gehört? So, suche dir einen Jungen aus. Das Angebot ist groß.
Andi	Dann würde ich mich für den hier entscheiden.
Freundin	Bär? Nicht schlecht.
Andi	Hallo Bär! Ich würde gerne mehr über dich erfahren. *Er antwortete sofort. Bald haben wir sogar unsere Liebesprobleme diskutiert. Er vermisste nämlich seine Exfreundin.*
(Sie liest)	Ich muss dich sehen. Erkennungszeichen ist eine Rose.
Sascha	Andi?! Soll das ein Witz sein?
Andi	Sascha?
Sascha	Warte, das war nicht so gemeint. Das ist wirklich unglaublich.
Andi	Das ist echt verrückt, oder?
Sascha	Ich habe dich vermisst, Andi.
Andi	Ich dich auch. *Da waren sie wieder, die Schmetterlinge im Bauch.*

Es ist wieder Zeit für unseren Geheimtip. Der heutige Geheimtip ist der Satz „Das ist mir Wurst". "Das ist mir Wurst" which literally means "this is a sausage to me", is German slang for "I don't care". For example: Kai denkt, er kann mich mit seinem neuen Hut beeindrucken, doch „das ist mir Wurst".

Und nun sind wir schon wieder am Ende der heutigen Sendung. Doch bevor wir gehen, zeigen wir euch noch ein Video. Englische Boybands sind froh nur zu singen und zu tanzen. Der deutschen Boyband „Gute Zeiten" ist das nicht genug. Sie haben – wie soll ich sagen – mehr intellektuelle Ziele. Ihr neues Video heißt „Ich bin doch nicht blöd" – und ihr könnt euch eure eigene Meinung dazu bilden ...

Channel Hopping auf Deutsch

Programm 4

Hallo und herzlich willkommen bei Channel Hopping auf Deutsch. Mein Name ist Patricia Pantel.[] Aber keine Sorge, wir reden nicht über die Ferienfotos eurer Lehrer. In unserer nächsten Geschichte geht es um Moorleichen.

Die Deutschen lieben Spiele. Das einzige Problem dabei ist nur, dass keiner verlieren will. Also erfanden die Deutschen eine neue Art von Spiel. Diese Spiele heißen Kooperationsspiele. In einem Kooperationsspiel gibt es keine Gewinner und keine Verlierer. Es gibt nur das schöne Gefühl, kooperiert zu haben. Keine Gewinner. Hmm ... Ich glaube auf diese Spiele kann ich verzichten. Band ab!

Moorleichen

Das Moor, eine unheimliche Gegend. Es ist halb Land, halb Wasser. Der Boden schwankt, denn das Moor ist nicht aus fester Erde, sondern aus abgestorbenen Pflanzen. Hier ist das Reich der Moorleichen. Wie entstehen eigentlich diese unheimlichen Moorleichen? Irgendwann verirrte sich ein Mensch und versank ... im Moor. Der Körper ging unter und wurde zur Mumie, denn das Moor konserviert. Das liegt am Moorwasser. Es ist extrem sauerstoffarm und ohne Sauerstoff können Körper nicht verwesen. Außerdem enthält das Moor eine bestimmte Säure, auch sie verändert den Verfallsprozess.

Das ist die wichtigste Pflanze im Moor, das Torfmoos. Man kann es auspressen, wie einen Schwamm. Denn es hat große Wasserspeicherzellen. Es hat keine Wurzeln, sondern nimmt mit allen Teilen Wasser und Nahrung auf. So schnell, wie es oben wächst, stirbt es unten ab. Und weil im Moor nichts verfault, bleiben die toten Pflanzen erhalten. Das nennt man Torf. Die Moorleichen steckten tief im Torf. Die Germanen sorgten für einen Teil der Moorleichen, sie warfen Verbrecher ins Moor. Und an heiligen Orten, den Opfermooren, versenkten sie Geschenke an ihre Götter. Manchmal wurde den Göttern auch ein Mensch geschenkt.

Die Moorleichen sind für uns besonders aufschlussreich. So kann man an ihnen gut erkennen, wie das Haar vor 2000 Jahren getragen wurde. Männer hatten an der Seite einen Zopf. Und Frauen haben sich das Haar am Hinterkopf zusammengeflochten. Weil man das auch von den Moorleichen weiß, kann man es heute genau nachmachen. Deswegen, Moorbesucher aufgepasst, sonst weiß man vielleicht in ein paar tausend Jahren, welche Frisuren gerade heute modern waren.

Verrückte Spiele

MP Spiele präsentiert: „Schneid ab!" – der Mega-Spaß für die ganze Familie! „Schneid ab!" Reihum wird gewürfelt. Doch aufgepasst! Schneiden darf nur der, der viermal hintereinander eine Sechs würfelt. Ja! „Schneid ab" von MP Spiele! Und für ganz Ausgefuchste: „Schneid mal hier ab!"

MP Spiele präsentiert: „Lieg wach !" Das Familienspiel für lange Nächte. Oh! Mutti hat's erwischt! Jetzt heißt es Augen und Ohren auf! Mutti muss so lange wach liegen, bis alle anderen ausgeschlafen haben! „Lieg wach!" von MP Spiele. Und jetzt, ganz neu, „Lieg mal ganz wach!", mit zwei extra Lampen!

MP Spiele präsentiert: „Geh aufs Klo!" Reihum wird gebechert, da kommt Blasenfreude auf. Flups! Dreimal die Sechs gewürfelt und mit ein bisschen Glück heißt es dann, „Geh aufs Klo!" Schade, jetzt heißt es durchhalten! „Geh aufs Klo!" von MP Spiele!

Viele von euch glauben, dass wir Deutschen immer nur Lederhosen tragen. Das ist natürlich ganz falsch. Wahr ist, dass nicht einmal die Hälfte der Deutschen Lederhosen trägt und noch weniger von uns tragen sie mit Flair. Band ab!

Neue Volksmusik

Hallo, an alle Zuschauer von Channel Hopping auf Deutsch. Ich bin der Florian und wir machen so eine Alpenmusik mit einem bisschen mehr Pfiff. So, das ist jetzt meine Lederhose, die ist 100 Jahre alt. Die Frage: Könnt ihr meinen österreichische Dialekt überhaupt verstehen? Jetzt macht man einen Test. So, probieren wir jetzt. Das ist der Hut. In meiner Sprache: „Der Huat". Socken – „Söcke", Weste – „Gilet".

Zuerst haben wir die echte traditionelle Volksmusik gespielt und dann ist uns eine Idee gekommen. Die Idee war, dass wir rockige, poppige Klänge mit den traditionellen Elementen vermischen. Bei den Jugendlichen kommt die steirische Harmonika oder auch der Dialekt, die Mundart, in Verbindung mit poppigen und rockigen Klängen sehr gut an. Das ist die steirische Harmonika. Ohne sie wären wir eine ganz normale Rockband. „1, 2, 3, 4, hob di staat, dass di net obidraht, obi übers Habernfeld geht's a wengerl schnell." Man kann auch als Jugendlicher zur Tradition stehen, es muss nicht immer nach „umtata, umtata" klingen. „Lederhosen, stramme Wadeln, auffe aufn Berg radeln und oben a Dirndl am Radl." Das war's jetzt. Die Schluss-Message: Lederhosen und Volksmusik können auch cool sein. Okay! Tschau, und macht's gut!

Deutschland – seltsam, aber wahr! (Comics)

Guten Tag allerseits. Ich bin Herr Professor Doktor John Moloney und ich bin hier, um euch einige der merkwürdigen Unterschiede zwischen der englischen und der deutschen Kultur zu erklären. Diese Woche sehen wir uns Comics an. In England werden Comics als kindischer Unsinn angesehen. Doch in Deutschland kann jeder Comics lesen, ohne gleich Dummkopf genannt zu werden.

Kommentator	Die Deutschen haben schreckliche Angst, für humorlos gehalten zu werden. Deswegen lesen mehr als 2 Millionen Deutsche, Erwachsene wie Kinder, Comics. Comics lesen ist ein guter Weg, die deutsche Sprache zu lernen. Man kann dabei sehr viel über den deutschen Charakter erfahren, wie zum Beispiel die Vorliebe der Deutschen für Mülltrennung oder ihre Angst vor der Umweltverschmutzung. Natürlich gibt es auch weniger attraktive Tendenzen, wie zum Beispiel ihre Vorliebe für die Bürokratie.
Frau	Ich finde Comics nicht kindisch, ich finde sie unheimlich treffend – oft, ja. So in einem Bild, in einem Satz wird da unheimlich viel gesagt.
Kommentator	Dr. Plum ist Vorsitzender der Kölner Donaldisten. Die Donaldisten sind Fans von Donald Duck, die diese Comics ernsthaft studieren.
Dr. Plum	Die Donaldisten gehen davon aus, dass diese Welt der Ducks in irgendeiner Form existiert, neben unserer oder parallel zu unserer Welt.
Kommentator	Die Donaldisten glauben, dass viele der Erfindungen in der Duckwelt auch in unserer Welt nützlich sein können. Daher versuchen sie, die Experimente in den Donald-Duck-Comics nachzumachen und hoffen dadurch, die Geheimnisse der Duckwelt aufzudecken. In diesem Experiment versucht Dr. Plum herauszufinden, wie schnell Donald Duck laufen kann. Und Dr. Plum ist nicht alleine. Es gibt mehr als 500 Donaldisten in Deutschland, die sich jedes Jahr treffen, um die Donald-Duck-Wissenschaft zu fördern.
Mann	Kein Geld mehr für die Raumfahrt, mehr Geld für echte Wissenschaft, Geld für den Donaldismus. Das reicht.
Kommentator	Und um stolz die Hymne der Donaldisten zu singen.

... Die Deutschen sind ein direktes Volk. Wenn dein Atem schlecht riecht, sagt man das dir und wenn deine Schultasche schlecht aussieht, sagt man dir das auch. Engländer sehen das als Unhöflichkeit, aber wir meinen das nicht so. Schließlich wollen wir nur helfen.

Fotoliebesroman: Der Brief-freund

Sabine *Nach der Schule lese ich gerne Zeitschriften. Die Kontaktanzeigen interessieren mich am meisten.*

Bruder Na, Schwesterlein! Suchst du deinen Traummann?

Sabine Hau ab! Sowas gibt es nicht. Oder etwa doch? (Sie liest) „Hallo, ich heiße Florian und suche eine Brieffreundin". (Sie schreibt) „Hallo Florian – Nee. Hi Flo – Nee. Hallöchen Florian, ich würde gerne deine Brieffreundin werden." Ob er mir antworten würde?

Bruder Ich hab was für dich! Das riecht nach Liebesbrief!

Sabine Gib schon her! (Sie liest) „Liebe Sabine, ich freue mich, dass du mir geschrieben hast. Ich möchte mehr über dich erfahren ..."

Und so begann eine tolle Brieffreundschaft. Bald wollte ich ihn unbedingt kennenlernen.

Florian Hallo? Sabine?

Sabine Ich dachte, wir könnten uns mal treffen.

Florian Ich habe im Moment keine Zeit.

Sabine Schade, wenn du meinst ... *Hatte er eine Freundin? Ich musste es wissen! Deswegen wollte er sich nicht mit mir treffen.*

Bist du Florian?

Florian Sabine?

Sabine Tja, hier bin ich ... und jetzt?

Florian Ich weiß nicht.

Sabine Soll ich dich schieben, oder ...?

Florian Nein, es geht schon, danke.

Es ist wieder Zeit für unseren Geheimtip. Der heutige Geheimtip ist das Wort "Kohle". "Kohle" is a word which taken literally means coal, but in German slang "Kohle" also means money. Zum Beispiel:

Kai: Ich würde mir gerne einen neuen Hut kaufen, aber ich habe keine Kohle. („Nimm das")

Okay, das ist auch schon wieder alles für diese Woche. Aber bevor wir gehen, wollen wir euch noch ein ganz besonderes Video zeigen – Deutschlands Eurovisionskandidat von 1998: Guildo Horn.

Channel Hopping auf Deutsch

Programm 5

Hallo und herzlich willkommen bei Channel Hopping auf Deutsch. Mein Name ist Patricia Pantel. Heute habe ich gute und schlechte Nachrichten für euch. Die schlechte Nachricht ist, dass dies die letzte Sendung unserer Serie ist. Und die gute Nachricht ist, dass wir trotzdem noch eine ganze Sendung voll mit billigen, alten deutschen TV-Clips zusammen verbringen werden. Band ab!

Fußball

Kommentator	Die Säbener Straße in München ist nicht nur der Trainingsplatz des FC Bayern. Seit zwei Jahren gibt es auch eine Ausbildungsstätte für den Nachwuchs.
Udo Bassemir	Wir holen natürlich auch Talente aus Deutschland, aus ganz Bayern und aus dem Ausland. Die müssen irgendwo wohnen und wir wollen, dass die Jungs eben bei uns am Gelände sind, dass wir sie auch – kontrollieren hört sich blöd an – aber dass wir sie auch sehen können, dass wir auch jederzeit trainieren können.
Kommentator	Die Spieler, die hier trainieren, werden gründlich ausgewählt. Nur die besten bekommen eine Chance. Die Spieler sind zwischen 15 und 17 Jahre alt. Täglich nach der Schule wird trainiert. Freizeit haben die Jungs so gut wie keine!
Udo Bassemir	Es gehört eine Menge Disziplin, eine Menge Selbstbewusstsein, auch eine Menge … eine große Stärke dazu, innere Stärke. Dass man sagt, da gehe ich durch, das will ich erreichen, dem Stress setze ich mich aus. Aber trotzdem, und das möchte ich betonen, der Spaß und die Freude, das muss auch in dem Verein noch im Vordergrund stehen!
Kommentator	Von den 34 hier trainierenden Nachwuchstalenten leben 16 direkt auf dem Gelände. Jeder hat sein eigenes Reich von 20 Quadratmetern. Den Jugendlichen wird so viel wie möglich abgenommen, damit sie sich voll und ganz auf Schule und Fußball konzentrieren können.
Matthias	Vom FC Bayern bekomme ich meine Wohnung gestellt, die Möbel in der Wohnung, Taschengeld, eine Heimfahrt nach Bayreuth, Essen und Verpflegung.
Kommentator	Der FC Bayern hat die Verantwortung für die Jungs und nimmt diese ernst. Nach 22 Uhr ist Ausgangsverbot. Das bindet zusammen, ist oft aber auch schwer durchzuhalten.

Es gibt eine schmerzvolle und schwierige Zeit in unserem Leben, durch die wir alle gehen müssen. Diese Zeit nennen wir Pubertät. Ich weiß, dass viele junge Leute in England nicht gerne über die Pubertät sprechen. Aber die Dinge liegen in Deutschland ganz anders.

Pubertät

Dr. Winter	Willkommen zu unserem Ratgeber mit Tips für Schüler. Ich bin Dr. Dr. Dr. Prof. Winter vom Dr. Dr. Dr. Prof. Winter Team. Unser Thema heute: Die Pubertät. In der ersten Phase kommt der Stimmbruch. Wie erkenne ich, dass ich im Stimmbruch bin? Nun, die Stimme hört sich auf einmal ein ganz klein bisschen anders an als vorher.
Junge 1	Habe ich schon den Stimmbruch?
Dr. Winter	Ja, ich glaube schon, mein Junge.
Mädchen	Und habe ich auch schon Stimmbruch?
Dr. Winter	Nein, das glaube ich nicht. Phase Zwei: Da wachsen einem an sehr merkwürdigen Stellen ein paar Härchen. Er hat Haarwuchs an Stellen, die vorher unbehaart waren, aber das muss einem nicht peinlich sein, das ist etwas sehr Natürliches und sehr Schönes. Aber fragen wir ihn doch mal selbst. Wie hast du denn das plötzliche Haarwachstum empfunden, mein Junge?

Junge 2	Heh! Ich dachte zuerst, heh! Das ist doch was sehr Natürliches und sehr Schönes, aber wenn man zum Beispiel Suppe isst, hängen die Haare manchmal ...
Dr. Winter	Phase Drei: Man bekommt Akne, so wie dieser ... so wie dieser ... so wie dieser ... so wie dieser Junge hier!
Junge 3	Akne ist etwas sehr Natürliches und Schönes und man kann auch eine Menge Spaß damit haben. Beim Ausdrücken zum Beispiel. In vielen Schulen gibt es sogar schon Wettbewerbe in Pickel-Darts. Ja, das macht echt Spaß! Unsere Zeit ist um. Ich wünsche euch noch eine frohe Pubertät. In der nächsten Woche beschäftigen wir uns mit dem Thema „Hausarrest für ungezogene Eltern!" Bis dahin, Tschüs! Und bis zum nächsten Mal!

Diese Woche habe ich einen Brief von Stephen Spriggs aus der 4P der Brockton Comprehensive School bekommen. „Liebe Patricia, ich und meine Schulkameraden finden Channel Hopping auf Deutsch sehr gut. Wir mögen es besonders, wenn du Lederhosen trägst. Können wir dich noch einmal in Lederhosen sehen?" Okay Stephen, weil du es bist. Stephen, ich hoffe, ich habe dir damit eine Freude gemacht.

Echt: Popmusik

Lehrer	So, Thema der Stunde: Die deutschen Bands.
Echt	Hallo, ich bin Kai.
	Hi, ich bin Puffy.
	Hi, ich bin Flo.
	Hallo, ich bin Gunnar.
	Hi, ich bin Kim und ich singe bei „Echt".

Kim	Wir heißen „Echt", weil wir eine echte Band sind. Wir wurden nicht zusammengecastet, weil wir besonders gut tanzen können. Wir spielen unsere Musik selbst, Pickel haben wir auch und wir sind halt echte Jungs in einer echten Band. Wir haben uns vor sechs Jahren in der Schule kennen gelernt und da sind wir auch immer noch.
Kommentator	Hier im Kurt-Tucholsky-Gymnasium in Flensburg sitzen die Jungs wie gewöhnlich im Unterricht, auch wenn sie immer mehr Aufmerksamkeit von ihren Mitschülern bekommen.
Lehrer	Wenn sie also auf den Gängen oder im Pausenbereich sind, dann werden sie teilweise schon gestürmt, müssen Autogramme geben. Sogar einige meiner Kollegen sind so begeistert, dass sie auch die Signaturen besorgen müssen.
Kommentator	Überraschenderweise wurden die Jungs von „Echt" nicht zuerst in ihrer Schule oder in Deutschland bekannt.
Kim	Das begann 1994 während eines Schüleraustausches mit England. Wir haben in Carlisle Auftritte organisiert und bei den englischen Mädchen sind wir sehr gut angekommen. Irgendwie sind englische Mädchen ja doch anders als deutsche. Die sehen zwar oft besser aus, aber die wollen einem auch immer alles in den Mund legen. Aber sie sind sehr nett.
Kommentator	Aber das Leben als Popstar und der Schulunterricht lassen nicht viel Zeit für andere Interessen.
Kim	Durch die vielen Konzerte und die Schule haben wir einfach gar keine Zeit, um uns eine feste Freundin zu suchen.

Kommentator	Doch mal abgesehen von Mädchen, was beschäftigt Deutschlands jüngste Boyband am meisten? Das Erwachsenwerden, natürlich.
Kim	Wir fragen uns immer, was sich ändern wird, wenn wir erwachsen werden und in unserem Lied „Alles wird sich ändern" geht es genau darum. []In der Zwischenzeit wollen wir einfach echt jung bleiben und wenn ihr mal eine Band an eurer Schule haben wollt, ruft uns an.

Deutschland – seltsam, aber wahr! (Toiletten)

John Moloney	Guten Tag allerseits. Ich bin Herr Professor Doktor John Moloney. Habt ihr jemals im Deutschunterricht gelernt, wie man nach den Toiletten fragt? Wahrscheinlich schon. Und wisst ihr eigentlich, wie die Klos aussehen, wenn ihr sie endlich gefunden habt? Wahrscheinlich nicht.
Mann	Na ja, bei Außenklos ... es ist halt in Altbauten, die noch nicht renoviert sind, teilweise, dass nur pro Etage eine Toilette ist, und alle Mieter halt auf der Etage dann die gemeinsam benutzen.
Kommentator	Ja, gemeinsame Toiletten. Wenn ihr also in Berlin in einem Altbau seid und mitten in der Nacht aufwacht, seid nicht überrascht, wenn ihr das Klo nicht finden könnt. Seid gut vorbereitet. Es ist dunkel, es ist kalt ... und ihr seid nicht allein. Aber die Deutschen sind geduldig und haben nichts dagegen, sich anzustellen. Keine Sorge, ihr werdet schon an die Reihe kommen. Und es gibt noch ein Problem mit Außenklos ...

Und wenn euch das Thema Toiletten nicht loßlässt, stattet dem Café Klo in Berlin einen Besuch ab.

Wie ihr euch vorstellen könnt, hat alles im Café Klo mit Toiletten zu tun. Das Essen wird in Nachttöpfen serviert, die Getränke in Urinenten und statt Servietten – ihr habt's erraten! Und wenn ihr nach dem Essen mal dringend müsst ... Ja, das ist unser Erste-Klasse-Klo. Immerhin ist es kein Außenklo!

Versteckt in den Straßen von München befindet sich das einzige Nachttopfmuseum auf der ganzen Welt. Das Museum informiert stolz, dass es hier über 2000 Nachttöpfe aus der Geschichte zu sehen gibt. Es gibt königliche Nachttöpfe, modische Nachttöpfe mit Pailletten und Channel Hoppings Lieblingsnachttopf: Der musikalische Nachttopf des jungen Kaiser Wilhelm!

John Moloney	Nun sind wir leider am Ende unserer Serie „Deutschland – seltsam, aber wahr." Bleibt nur noch zu sagen: „Auf Wiedersehen und tschüs !"

Ja, es ist wieder mal Herzchenkleidzeit und der intelligente Schüler weiß, jetzt geht es um Liebe. In Deutschland sagt man: Zeit heilt alle Wunden. Aber das stimmt natürlich nicht, wie wir in der nächsten Geschichte sehen werden. Guten Appetit !

Channel Hopping auf Deutsch

Fotoliebesroman: Tina und Mark

Tina	*Fünf Jahre hatte ich Mark nicht gesehen. Jetzt kam er wieder in die Stadt und ich sollte ihn abholen. Ob Mark sein süßes Lächeln noch hat?*
Mark	Bist du es wirklich?
Tina	*Mark ist ein richtiger Traumtyp geworden. Cool bleiben, Tina.* Hi.
Mark	Hi! Ist das alles? Ich bin so froh, bei dir zu sein! Für dich.
Tina	Was geht denn hier ab? *Am nächsten Abend sind wir in die Disco gegangen. So viele hübsche Mädchen – da komme ich nicht mit.*
Mark	Wollen wir tanzen?
Meike	Hallo Tina! Und wer ist das?
Tina	Das ist Mark ... Mark, das ist Meike. *Ich wollte Meike umbringen, aber ich wollte Mark nichts kaputtmachen.* Wolltest du nicht tanzen? Meike hat bestimmt Lust!
Meike	Bis später!
Tina	*Das hatte ich nun davon!*
Mark	Oh Mann, was ist denn das für eine Tussi!
Tina	Magst du Meike etwa nicht?
Mark	Jetzt reicht's. Komm, wir gehen! Was ist denn los?
Tina	Ich weiß nicht. Du siehst so gut aus und wirst dir sicher eine Freundin suchen. Und ich?
Mark	Ich hätte schon gerne eine Freundin. Aber bestimmt nicht eine wie Meike.
Tina	Ich will gar nicht, dass du dich für andere Mädchen interessierst.

Nun ist es wieder Zeit für unseren Geheimtip. Diese Woche ist es das Wort „geil". "Geil" is a very useful word which can mean "cool" or , "great". Zum Beispiel: Channel Hopping auf Deutsch ist geil, aber Kais Hut ist nicht geil. A word of warning though, "geil" can mean something very different when you use it about people. But I am sure your teacher will be happy to tell you all about it.

Wir nähern uns langsam aber sicher dem Ende unserer ersten Serie Channel Hopping auf Deutsch. Ich hoffe, wir haben euch geholfen, euer Deutsch etwas zu verbessern.

Doch was wäre ein Ende ohne unser deutsches Video. Band ab und tschüs, bis zum nächsten Mal.